ACCESO GRATIS *a la Lectura en la Nube*

Para visualizar el libro electrónico en la nube de lectura envíe junto a su nombre y apellidos una fotografía del código de barras situado en la contraportada del libro y otra del ticket de compra a la dirección:

ebooktirant@tirant.com

En un máximo de 72 horas laborables le enviaremos el código de acceso con sus instrucciones.

EL RÉGIMEN JURÍDICO DEL PLURIEMPLEO EN EL ORDENAMIENTO ESPAÑOL

EL RÉGIMEN JURÍDICO DEL PLURIEMPLEO EN EL ORDENAMIENTO ESPAÑOL

Tomás Sala Franco

Catedrático de Dereho del Trabajo y de la Seguridad Social
Universidad de Valencia. Estudio General

tirant lo blanch
Valencia, 2025

© Tomás Sala Franco

© TIRANT LO BLANCH
EDITA: TIRANT LO BLANCH
C/ Artes Gráficas, 14 - 46010 - Valencia
TELFS.: 96/361 00 48 - 50
FAX: 96/369 41 51
Email:tlb@tirant.com
www.tirant.com
Librería virtual: www.tirant.es
DEPÓSITO LEGAL: V-1946-2025
ISBN: 979-13-7010-264-7
MAQUETA: Tink Factoría de Color

Si tiene alguna queja o sugerencia, envíenos un mail a: *atencioncliente@tirant.com*. En caso de no ser
atendida su sugerencia, por favor, lea en *www.tirant.net/index.php/empresa/politicas-de-empresa* nuestro
procedimiento de quejas.

Responsabilidad Social Corporativa: http://www.tirant.net/Docs/RSCTirant.pdf

Índice

I. INTRODUCCIÓN

1. LA CRISIS DEL EMPLEO Y EL PLURIEMPLEO

Se entiende por pluriempleo el desarrollo de dos o más actividades laborales para otro, principales o secundarias, subordinadas o autónomas, públicas o privadas, legales o ilegales en el trabajo negro o clandestino.

El empleo constituye un bien escaso en nuestra sociedad y lo será probablemente más en un futuro próximo con la masiva implantación de las nuevas tecnologías. En este sentido, la OIT cifraba en el peor de los escenarios posibles, pese a la *"destrucción creativa"* del empleo que ciertamente produce, la reducción de los puestos de trabajo que desaparecerán en los próximos años en un 1 por 100 en la relación entre empleo y población.

Según datos de la EPA del cuarto trimestre de 2004, actualmente en España, con un total de 21.857.000 ocupados y 2.598.500 parados, 585.88 son pluriempleados, de los que el 3 por 100 (301.200) son mujeres y el 2'4 por 100 son hombres (284.600), habiendo descendido ligeramente respecto del año anterior 2023 (596.900) pero aumentado en la última década en un 43 por 100 (en el año 2014 había registrados 409.400 pluriempleados) y no siendo España el país de la Unión Europea con un mayor número de pluriempleados, siendo el porcentaje medio del 4'1 por e100. Según datos de la Seguridad Social, el número de pluriempleados es muy superior, alcanzando la cifra de 903.753.

El sector productivo donde hay más pluriempleados es el sector servicios: empleados del hogar, educación, turismo, servicios sociales, sanidad y sector inmobiliario, dándose más en el tramo intermedio de edad (de 40 a 44 años)

Naturalmente, a estas cifras habrá que añadir el número de pluriempleados pertenecientes a la economía sumergida, dado que el segundo trabajo o trabajo secundario suele ser en negro. En el Informe CRECE se insiste en esta idea. Así, del 24 por 100 del empleo que se estima sumergido, el 38 por 100 se utiliza para complementar

el salario de los denominados "trabajadores pobres" que no llegan a
fin de mes con la retribución de un solo trabajo, correspondiendo
el mayor porcentaje a los sectores de la hostelería, el comercio, el
inmobiliario y la agricultura.

Las causas del pluriempleo en España hay que situarlas, sin duda,
fundamentalmente en los bajos salarios y en la inflación (aumento
de los costes de una vivienda escasamente ofertada y de la cesta de la
compra), en el gran número de contratos a tiempo parcial, temporales y fijos discontinuos existentes, en el desarrollo del teletrabajo y de
las plataformas digitales y, acaso, en menor medida, especialmente
entre los jóvenes, en la búsqueda de la experiencia laboral necesaria
para obtener un puesto de trabajo y en el emprendimiento de una
actividad por cuenta propia sin dejar el trabajo por cuenta ajena.
En este último sentido, la eventual reducción de la jornada máxima
legal proyectada incidirá sin duda en un aumento del pluriempleo.

No hay que olvidar, sin embargo, que, paradójicamente, desde alguna perspectiva, el pluriempleo no interesa subjetivamente ni a las
personas trabajadoras ni a los empresarios. Ciertamente, las personas
trabajadoras, individualmente, pierden su salud y su ocio con el pluriempleo y, socialmente, como colectivo que defiende una política de
solidaridad en el empleo, rechazarán el pluriempleo. E igualmente
los empresarios, por razón del previsiblemente menor rendimiento
de los pluriempleados., si bien, en determinados casos, la cotización
a la Seguridad Social puede resultar beneficiosa en los casos de pluriempleo (ver *infra*).

No obstante todo lo anterior, a nivel europeo comunitario parece
haber cambiado el paradigma normativo en cuanto al de pluriempleo: de propiciar la lucha contra el mismo a defenderlo explícita-
mente, si bien con matices. No es gratuito en este sentido lo dispuesto
en el Art. 9 de la Directiva (UE) 2019/1152, del Parlamento Europeo
y del Consejo, de 20 de junio de 2019, relativa a unas condiciones
laborales transparentes y previsibles en la Unión Europea, al señalar
que *"los Estados miembros garantizarán que un empleador ni prohíba a un
trabajador aceptar empleos con otros empleadores fuera del calendario de trabajo establecido con dicho empleador, ni lo someta a un trato desfavorable por
ese motivo"* (párrafo primero) y que *"los Estados miembros podrán fijar las
condiciones para la utilización de restricciones por incompatibilidad por parte*

de los empleadores basadas en causas objetivas, tales como la salud y la seguridad, la protección de la confidencialidad empresarial, la integridad del servicio público o la prevención de conflictos de intereses" (párrafo segundo).

2. LA FINALIDAD DEL TRABAJO

La concreta finalidad del presente informe está dirigida a la clarificación de la normativa reguladora del pluriempleo en nuestro ordenamiento jurídico, a fin de proporcionar unas bases jurídicas necesarias para, en su caso, si ha lugar, combatirlo legalmente.

Desde la perspectiva jurídica se destacará, en primer lugar, una cuestión capital, esto es, el análisis del Art. 35.2 de la Constitución y las posibles dificultades que previsiblemente el amplio y contradictorio alcance del mismo plantea para limitar de una manera efectiva el extendido fenómeno del pluriempleo.

El núcleo temático del desarrollo se referirá, sin embargo, lógicamente, a los dos sectores de actividad típicos (el trabajo en el sector público y el trabajo en el sector privado), analizando cuidadosamente en cada uno de ellos las bases jurídicas que en la actualidad facilitan o dificultan el pluriempleo y los intereses a que éstas responden.

El estudio exige, finalmente, para ser completo, un análisis jurídico de las situaciones de pasividad laboral respecto del pluriempleo. Así pues, habrá que plantear la amplia problemática de la Seguridad Social respecto del pluriempleo, tanto respecto de la cotización a la misma como de las distintas prestaciones y, en especial, la de desempleo.

II. CARACTERIZACIÓN JURÍDICA DEL PLURIEMPLEO

1. LA CONSTITUCIÓN Y LA LIBERTAD DE TRABAJO

La primera cuestión a plantear es la de si las prohibiciones (exclusiones de la contratación) o las limitaciones directas del pluriempleo (reservas de puestos de trabajo, preferencias o medidas de fomento del empleo de los desempleados) que se establezcan por norma legal, reglamentaria, convencional o contractual son o no constitucionales.

En efecto, las prohibiciones o limitaciones directa del pluriempleo parecen atentar, de un lado, contra el Art. 38 y, de otro, contra el Art. 35.1 de la Constitución, por cuanto a su través parecen quedar en entredicho la libertad empresarial de contratar a quien se quiera, esté o no empleado anteriormente, desumible del primero de los preceptos y la libertad de trabajar en uno o más empleos, derivada del segundo.

2. EL CARÁCTER LIMITADO DE LOS DERECHOS CONSTITUCIONALES: LA LIBERTAD INDIVIDUAL DE TRABAJO Y EL DERECHO DE TODOS A TRABAJAR

Ninguno de los derechos reconocidos en la Constitución posee un carácter absoluto, sino que vienen limitados externamente por los restantes derechos constitucionales, como ha puesto de relieve de antiguo el Tribunal Constitucional (por todas, STCO de 8 de abril de 1981).

De esta manera, el derecho al trabajo consagrado con carácter abstracto y general en el Art. 35.1 de la Constitución debe ponerse en relación con los Arts. 40.1 (que compromete a los Poderes Públicos a realizar una *"política orientada al pleno empleo"*), 42 (que obliga al Estado a orientar la política de emigración *"hacia su retorno"*), 131 (que permite la planificación de la actividad económica) y 9.2 (según el cual los Poderes Públicos deberá promover la igualdad sustancial entre los ciudadanos).

No hay duda de que el Art. 35.1 se redimensiona en relación con estos preceptos constitucionales, siendo posible descubrir en él dos aspectos distintos igualmente protegibles. De un lado, un derecho individual al trabajo en el sentido de libertad de trabajar y, de otro, un derecho colectivo de todos y cada uno de los ciudadanos a tener un puesto de trabajo y una obligación del Estado de dar trabajo a todos ellos. Como puso de relieve en este sentido la STCO de 2 de julio de 1981, *"en su dimensión colectiva, el derecho al trabajo implica, además, un mandato a los Poderes Públicos para que lleven a cabo una política de pleno empleo, pues en otro caso el ejercicio de derecho al trabajo para una parte de la población llevaría consigo la negación de ese mismo derecho para otra parte de la misma"*. El interés por realizar una política de pleno empleo podría ser así el que justificase limitar la libertad individual al trabajo por tratarse de un interés jurídicamente protegible de mayor envergadura.

Una visión activa y no pasiva de la actuación de los Poderes Públicos, en definitiva, conduciría a admitir la constitucionalidad de las prohibiciones o limitaciones del pluriempleo por cuanto se trataría de medidas que no pretenden acabar con el derecho individual al trabajo sino, al contrario, tutelar y asegurar el derecho al trabajo de todos los ciudadanos y, especialmente, de los más desfavorecidos. Lo contrario sería, posiblemente hacer una *"utilización perversa"* del derecho al trabajo para oponerlo a las medidas de política de empleo que pretenden precisamente fomentar el empleo de quien no lo tiene. La lucha contra el pluriempleo encuentra así un fundamento constitucional suficiente. En un contexto de crisis económica se impondrá en consecuencia una política de solidaridad en el reparto de un bien tan escaso como es el trabajo.

Por otra parte, del mismo modo que se admite la licitud constitucional de la prohibición del pluriempleo para tutelar la libertad empresarial a través de las limitaciones legales o contractuales a la concurrencia del trabajador con su empresario deberán admitirse igualmente las limitaciones al derecho individual al trabajo para tutelar el derecho al trabajo de los desempleados.

Del mismo modo que las horas extraordinarias pueden suprimirse o limitarse (cfr. Art. 35.2 del ET), sin que ello cause extrañeza alguna, lo mismo caría hacer con el pluriempleo por idéntica finalidad (*"para incrementar las posibilidades de colocación de los trabajadores en paro"*).

3. LAS LIMITACIONES AL PLURIEMPLEO Y LA LIBERTAD PROFESIONAL, EL DERECHO A UNA REMUNERACIÓN SUFICIENTE Y EL PRINCIPIO DE IGUALDAD ANTE LA LEY

Una vez superadas las dificultades que plantea el derecho individual al trabajo reconocido en el Art. 35.1 de la Constitución, referido al derecho al trabajo, tres dudas más surgen con el texto constitucional en la mano:

a) En primer lugar, ¿cómo jugarán los derechos *"a la libre elección de profesión u oficio"* y *"a la promoción a través del trabajo"* reconocidos igualmente en el Art. 35.1 de la Constitución respecto de una eventual prohibición o limitación del pluriempleo?

b) En segundo lugar, ¿cómo cohonestar la prohibición o limitación del pluriempleo con el derecho de la persona trabajadora *"a una remuneración suficiente para satisfacer sus necesidades y las de su familia"* reconocido también en el Art. 35.1 de la Constitución?

c) En tercer lugar, ¿cómo jugarán los principios de igualdad material y formal ante la ley de los Arts. 9.2 y 14 de la Constitución como límites a las posibilidades de una política de lucha contra el pluriempleo sectorializada, esto es, aplicable solamente al sector público, por ejemplo?

En cuanto a la primera cuestión, no parece que las medidas prohibitivas o limitadoras del pluriempleo puedan perjudicar directa y frontalmente el derecho a la libertad y promoción profesionales. Lo que significa que en ningún caso se podrá impedir el cambio de trabajo por combatir el pluriempleo. Las medidas contra el pluriempleo podrán obligar a renunciar a un empleo, pero no a cambiar de él.

Respecto del juego del principio de remuneración suficiente en relación con eventuales medidas contra el pluriempleo, si bien ciertamente pudiera parecer duro prohibir el pluriempleo a una persona trabajadora de bajos salarios (ya que siendo la *"ratio"* del derecho al trabajo precisamente la de proporcionar una vida digna y si ésta no se consigue con un solo empleo, se buscará otro), no parece, sin embargo, que deban confundirse los planos. Una cosa es que el pluriempleo se acreciente con las rentas bajas y que las rentas bajas constituyan un *"atentado"* al precepto constitucional señalado y otra el que por razones de una mínima solidaridad no puedan establecerse medidas prohibitivas o limitadoras del pluriempleo, aun de las categorías de personas trabajadoras de más baja renta. Lo que habrá que conseguir en definitiva es un salario digno y suficiente en un único empleo.

Finalmente, no parece que atente a principio constitucional de igualdad una política sectorial de fomento del empleo a través de medidas prohibitivas o limitadoras del pluriempleo ya que, si las medidas son lícitas, su imposición dependerá de su oportunidad. Y en este último sentido parece claro que la lucha contra el pluriempleo únicamente tiene visos de éxito en el seno de las Administraciones Públicas, ya que solamente en este ámbito resulta real, aunque difícilmente controlable. Prohibir el pluriempleo en el sector privado como medida de fomento del empleo, dado su difícil control, puede resultar tarea inútil al fomentar así más aún el trabajo negro.

III. EL TRABAJO PRIVADO
Y EL PLURIEMPLEO

1. LA LICITUD DEL PLURIEMPLEO EN EL ORDENAMIENTO LABORAL ESPAÑOL

El pluriempleo en el trabajo privado es lícito en nuestro ordenamiento laboral salvo excepciones o límites al mismo (STC 213/2005, de 21 de julio).

El Art. 1.1 de la Ley de Contrato de Trabajo de 26 de enero de 1944 reconocía expresamente tal posibilidad al definir el contrato de trabajo como *"aquel por virtud del cual una o varias personas participan en la producción mediante el ejercicio voluntariamente prestado de sus facultades intelectuales y manuales, obligándose a ejecutar una obra o a prestar un servicio a uno o varios patronos o empresarios o a una persona jurídica de tal carácter bajo la dependencia de éstos, mediante una remuneración, sea la que fuere la clase o forma de ella".*

Actualmente, pese a que el Estatuto de los Trabajadores prescinde en sus Arts. 1.1 y 8.1 de una referencia expresa al pluriempleo, tal posibilidad viene admitida por la jurisprudencia de los tribunales que, si bien considera la exclusividad en el trabajo como un indicio de dependencia, y con ello de que estamos en presencia de un contrato de trabajo, su ausencia —esto es, el pluriempleo— no supone la exclusión de la laboralidad de la relación. De esta manera, la nota de la exclusividad no es ni definitoria ni necesaria en el contrato de trabajo. En este sentido, la STS de 16 de enero de 1966 dirá que *"no es incompatible (con el contrato de trabajo) el hecho de que se presten otros servicios por cuenta de diferentes patronos".*

En el caso de los representantes de comercio, el ET reconoce expresamente la posibilidad del pluriempleo, sin que por ello decaiga la existencia del contrato de trabajo, en este caso especial. Así, el Art. 2.1 f) del ET señala que *"se considerarán relaciones laborales de carácter especial: f) La de las personas que intervengan en operaciones mercantiles por cuenta de uno o más empresarios, sin asumir el riesgo y ventura de aquellas".*

Así pues, en nuestro ordenamiento laboral, se encuentra limitado el máximo de horas por trabajo (cuarenta horas semanales en cómputo anual salvo reducción por convenio colectivo o contrato individual) pero no el número de horas por persona trabajadora, que podrá trabajar así hasta ochenta horas semanales.

2. LAS PROHIBICIONES Y LIMITACIONES DEL PLURIEMPLEO

2.1. El art. 17 del ET, norma reguladora del pluriempleo

Excepcionalmente, basándose en la tutela de otras finalidades constitucionalmente legítimas, será posible establecer limitaciones a la libertad empresarial de contratación, tales como exclusiones, cupos o reservas de puesto de trabajo.

Así pues, es posible establecer acciones positivas y discriminaciones favorables en el empleo justificadas en el objetivo de paliar la situación de determinados grupos de difícil acceso al mercado de trabajo (Convenio 111 OIT y Directiva 2006/54/CE de 5 de julio).

Estas medidas de acción positiva han sido aceptadas por la jurisprudencia constitucional y comunitaria siempre que se den ciertos requisitos (SS.TC 128/1987, de 16 de julio; 166/1988, de 26 de septiembre; 109/1993, de 25 de marzo; SS.TJUE de 17 de octubre de 1995, de 11 de noviembre de 1997 o de 28 de marzo de 2000).

Estas medidas pueden establecerse por la Ley, por el Gobierno o por la negociación colectiva (STC 267/1994, de 3 de octubre).

El Art. 17 del ET aborda la problemática de las posibles exclusiones o limitaciones directas al pluriempleo.

Así, de un lado, en un sentido negativo, ni el Art. 4.2 c) ni el Art. 17.1 del ET, que establecen el principio de no discriminación en el empleo por una serie de causas (edad, sexo, origen racial o étnico, estado civil, religión o convicciones, ideas políticas, condición social, identidad sexual, expresión de género, características sexuales, afiliación o no a un sindicato o adhesión a sus acuerdos, lengua dentro del Estado español, discapacidad, vínculos de parentesco con personas pertenecientes a o relacionadas con la empresa y conciliación o corresponsabilidad de la vida familiar y laboral) se refieren al pluriempleo como una de las posibles causas de discriminación prohibidas.

Así pues, el ET no prohíbe las discriminaciones en el empleo que pudieran consistir en una prohibición (exclusiones de la contratación) o en una limitación directa del pluriempleo (reservas de puesto, preferencias o medidas de fomento del empleo de las personas desempleadas), al no considerarlas incluidas entre las causas de discriminación prohibidas por los Arts. 4.2 c) y 17.1.

De otro lado, en un sentido positivo, el Art. 17.2 del ET viene a establecer que *"podrán establecerse por ley las exclusiones, reservas y preferencias para ser contratado libremente"*, añadiendo a continuación en su párrafo tercero que *"no obstante lo dispuesto en el apartado anterior, el Gobierno podrá regular medidas de reserva, duración o preferencia en el empleo que tengan por objeto facilitar la colocación de trabajadores demandantes de empleo.*

Asimismo, el Gobierno podrá otorgar subvenciones, desgravaciones y otras medidas para fomentar el empleo de grupos específicos de personas trabajadoras que encuentren dificultades especiales para acceder al empleo. La regulación de las mismas se hará previa consulta a las organizaciones sindicales y asociaciones empresariales más representativas.

Las medidas a las que se refieren los párrafos anteriores se orientarán prioritariamente a fomentar el empleo estable de las personas trabajadoras desempleadas y la conversión de contratos temporales en contratos por tiempo indefinido".

El Art. 17.3 del ET, por su parte, establece que *"la negociación colectiva podrá establecer medidas de acción positiva para favorecer el acceso de las mujeres a todas las profesiones. A tal efecto podrá establecer reservas y preferencias en las condiciones de contratación de modo que, en igualdad de condiciones de idoneidad, tengan preferencia para ser contratadas las personas del sexo menos representado en el grupo profesional de que se trate".*

De una interpretación literal conjunta de los distintos párrafos del Art. 17 del ET cabe deducir lo siguiente:

1º) Que las *"exclusiones"* a la libre contratación no discriminato-
rias —y, entre ellas, las prohibiciones al pluriempleo— solo
pueden establecerse por ley.

2º) Que las limitaciones a la libre contratación no discriminato-
rias —entre ellas, las medidas de reserva, preferencia y duración en el empleo, las subvenciones, desgravaciones y otras
medidas para fomentar el empleo de grupos específicos de
personas trabajadoras que encuentren dificultades especiales
para acceder al empleo (personas trabajadoras de edad avan-
zada, disminuidos en su capacidad laboral, jóvenes o mujeres)— pueden establecerse por el Gobierno sin necesidad de
ley.

3º) Que las medidas de acción positiva (reservas y preferencias
en el empleo) en favor de las mujeres podrán establecerse
también en la negociación colectiva.

¿Significa esto último que la ley prohíbe a los convenios colectivos
limitar el pluriempleo por atribuir su regulación en exclusiva a la ley
y al Gobierno en los términos anteriormente señalados? ¿O se trata
más bien de un reparto de competencias entre la ley y el Gobierno
en esta materia que no impediría que la negociación colectiva llegar
a un acuerdo para combatir el pluriempleo?

A mi juicio, todo dependerá de la *"ratio"* atribuible a la ley en
este punto. Si se entendiera que el interés protegido por la norma
legal es el de proteger la libertad individual de trabajo y la libertad
contractual del empresario en esta materia, no hay duda de que el
precepto constituiría un límite a la negociación colectiva de derecho
necesario absoluto limitativo de la negociación colectiva por razones
de orden público. Si, por el contrario, tal como entiendo a la luz de
la Constitución, el interés perseguido por la norma es el de contri-
buir a una política de pleno empleo, no parece que pueda impedír-
sele a la negociación colectiva llegar a un acuerdo para combatir el
pluriempleo; habría así un simple reparto de papeles entre la ley y el
Gobierno que en nada afectaría a la negociación colectiva.

2.2. Las prohibiciones legales al pluriempleo

En nuestro ordenamiento laboral existe una norma legal que expresamente prohíbe el pluriempleo, si bien su *"ratio"* no sea la de paliar el paro de las personas desempleadas, sino la de tutela el lícito interés empresarial en la ausencia de una competencia desleal de sus personas trabajadoras.

En efecto, tanto el Art. 5 d) —que establece como deber básico del trabajador el de *"no concurrir con la actividad de la empresa, en los términos fijados en esta ley"*— como el Art. 21.1 del ET —que señala que *"no podrá efectuarse la prestación laboral de una persona trabajadora para diversos empresarios cuando se estime concurrencia desleal"*— están previendo la exclusión de la contratación o, mejor, la posibilidad de extinguir los contratos de aquellas personas trabajadoras que incurran en competencia desleal respecto de su empresario.

Al no existir un concepto legal de competencia desleal, limitándose la ley a prohibirla a la persona trabajadora, ha sido la jurisprudencia la que ha construido este concepto. Así, siguiendo las pautas jurisprudenciales interpretativas del precepto legal, cabe señalar lo siguiente:

1º) La prohibición de concurrencia desleal alcanza tanto al trabajo por cuenta ajena como al trabajo por cuenta propia, ya que en ambos casos puede verse perjudicado el interés empresarial (por todas, SS.TS de 7 y 29 de marzo de 1990).

2º) La ley no prohíbe propiamente el pluriempleo de la persona trabajadora sino la concurrencia desleal con su empresario. Esta se produce, en principio, cuando se trabaja en el mismo sector de actividad (STS de 22 de octubre de 1990), cuando el trabajo desarrollado se haga en *"áreas competitivas, en tanto que dirigida a potencial clientela común, mediante la oferta de productos o servicios equivalentes"* (SS.TS de 22 de septiembre de 1988, de 22 de noviembre de 1990 o de 6 de marzo de 1991) o, en general, cuando se utilicen los conocimientos adquiridos en una empresa para favorecer la actividad de la empresa concurrente (STS de 22 de septiembre de 1991).

3º) La actividad competitiva ha de ser habitual y no esporádica (SS.TS de 18 de octubre de 1988 o de 25 de junio de 1990).

4º) La competencia desleal no exige que existan beneficios directos para la persona trabajadora (STS de 30 de marzo de 1987), ni tampoco que existan perjuicios reales para la empresa, bastando con los potenciales que se presumen *"iuris tantum"* (SS.TS de 5 de octubre y 22 de octubre de 1990 o de 22 de marzo de 1991).

5º) Los meros contactos o conversaciones no serían constitutivos de competencia desleal (STS de 17 de diciembre de 1990), si bien no sea necesario que el proyecto de competencia *"se haya materializado con la puesta en marcha y funcionamiento de la nueva empresa"* (SS.TS de 7 de octubre de 1987 o de 22 de marzo de 1991).

6º) La prohibición de competencia desleal se mantiene durante las vacaciones de la persona trabajadora (STS de 30 de marzo de 1987) o en la situación de excedencia (STS de 3 de octubre de 1990), baja laboral (STS de 8 de julio de 1983) o de suspensión del contrato por sanción disciplinaria (STS de 14 de mayo de 1986).

7º) La competencia desleal exige que el empresario no haya dado su consentimiento de forma expresa o tácita a que la persona trabajadora trabaje en otra empresa (STS de 5 de abril de 1990).

8º) Por lo demás, los tribunales mantienen unánimemente que el Art. 35 de la CE, que reconoce el derecho al trabajo, no ampara la realización de actividades competitivas con el empresario (por todas, STS de 28 de noviembre de 1990).

Por lo demás, el límite legal de la jornada máxima establecido en el Art. 34.1 del ET en cuarenta horas semanales de trabajo efectivo de promedio en cómputo anual no constituye un límite para el pluriempleo, pudiéndose así trabajar hasta cuarenta horas en cada empresa y pudiéndose trabajar libremente durante el periodo de vacaciones en una de las empresas en la que trabaje, si bien deban mantenerse los límites legales, convencionales o contractuales en cada empresa en materia de descansos diario, semanal, festivo, vacacional y horas extraordinarias.

Solamente respecto de las personas trabajadoras menores de dieciocho años la ley establece la prohibición de *"realizar más de ocho horas diarias de trabajo efectivo, incluyendo, en su caso, el tiempo dedicado a la formación y, si trabajase para varios empleadores, las horas realizadas con cada uno de ellos"* (Art. 34.3 del ET).

2.3. Las limitaciones directas al pluriempleo

2.3.1. Las limitaciones legales

Entre las medidas limitadoras directamente del pluriempleo en beneficio de los desempleados, se encuentra la establecida por el Art. 42.1 de la Ley General de Derechos de las Personas con Discapacidad y de su Inclusión Social, 1/2013, de 29 de noviembre (LGDPD), donde se obliga a las empresas a reservar un porcentaje de puestos de trabajo de la plantilla para personas con discapacidad, debiendo tratarse de personas trabajadoras desempleadas. En este último sentido, el Art. 8 del RD 1451/1983, de 11 de mayo, señala que *"las empresas deberán solicitar las personas trabajadoras minusválidas de la correspondiente Oficina de Empleo"*.

En efecto "las empresas públicas y privadas que empleen a un número de 50 o más personas trabajadoras vendrán obligadas a que de entre ellos, al menos, el 2 por 100 sean personas trabajadoras con discapacidad".

El cómputo se realizará sobre el total de la empresa correspondiente, cualquiera que sea el número de centros de trabajo de aquélla y cualquiera que sea la forma de contratación laboral que vincule a las personas trabajadoras de la empresa.

En el cómputo se incluyen las personas trabajadoras con contrato temporal o a través de ETT, para determinar tanto el número total de personas trabajadoras como para determinar el de las personas con discapacidad que deben ser contratadas.

El incumplimiento de la obligación de reserva legal, frecuente por lo demás, da lugar a sanciones administrativas por infracción grave (Art. 15.2 y 3 de la LISOS), pero no genera la obligación de contratar.

Además de las sanciones administrativas, puede acarrear la pérdida de otros beneficios (subvenciones, desgravaciones, etc.). Así, el Art. 42.1 de la LGDPD prevé la posibilidad de que la reserva sea sustituida por otras medidas: "de manera excepcional, las empresas públicas y privadas podrán quedar exentas de esta obligación, de forma parcial o total, bien a través de acuerdos recogidos en la negociación colectiva sectorial de ámbito estatal y, en su defecto, de ámbito inferior, a tenor de lo dispuesto en el Art. 83. 2 y 3, del ET, bien por opción voluntaria del empresario, debidamente comunicada a la autoridad laboral, y siempre que en ambos supuestos se apliquen las medidas alternativas que se determinen reglamentariamente". Estas normas reglamentarias se contienen en el RD 364/2005, de 8 de abril.

El Art. 12.7 a) del ET, por su parte, limita parcialmente el pluriempleo, al exigir que *"el contrato de relevo se celebrará con un trabajador en situación de desempleo o que tuviese concertado con la empresa un contrato de duración determinada. También podrá celebrarse un contrato fijo-discontinuo en los términos que se establezca reglamentariamente".*

Al referirse estas normas a las personas trabajadoras desempleadas, es obvio que las ya empleadas no podrán beneficiarse de estas medidas de fomento del empleo.

2.3.2. Las limitaciones convencionales

Los primeros Acuerdos Nacionales de Empleo incluían cláusulas expresas para combatir el pluriempleo, llegando a recomendar *"erradicar el pluriempleo"*, tanto en el sector público como en el privado, estableciendo para ello distintas medidas a seguir relativas al control de los horarios, a la aplicación rigurosa de las sanciones en los casos de no dar de alta en la Seguridad Social a las personas trabajadoras por estar dadas de alta en otra empresa y al cumplimiento empresarial de informar a los representantes del personal de los boletines de cotización, habiendo desaparecido tales cláusulas en los Acuerdos Nacionales de negociación colectiva y empleo desde el año 1997 hasta hoy.

Ello no obstante, es posible que en la negociación colectiva se establezcan *"cláusulas de empleo"* limitativas del pluriempleo y, como ya vimos (Art. 17.4 del ET), medidas de acción positiva para favorecer el acceso de las mujeres a todas las profesiones, tales como reservas y preferencias en las condiciones de contratación.

Si tomamos como ejemplo paradigmático el sector siderometalúrgico, del total de convenios colectivos provinciales aplicables, todavía cinco de ellos se refieren al pluriempleo de una u otra manera. Así:

a) Art. 17 del CC provincial de Castellón 2023/2025: *"Fomento de empleo. Las partes consideran necesario erradicar en el menor plazo de tiempo posible el pluriempleo en todas las empresas encuadradas en el ámbito de aplicación del presente Convenio, por dos razones de interés general: a. Porque impide que las personas trabajadoras en paro accedan a un puesto de trabajo. b. Por el carácter de competencia desleal que puede ejercerse sobre el resto que utilizan los procedimientos legales"*.

b) Art. 44 del CC provincial de Álava 2022/2025: *"Las empresas afectadas por el presente convenio no podrán contratar, como norma general, en régimen de pluriempleo o jornada reducida a aquellas personas trabajadoras que dispongan de otra ocupación retribuida por jornada completa y no a tiempo parcial, dándose preferencia a quienes, en igualdad de condiciones, se encuentren en situación de desempleo o estén próximos a agotar las prestaciones básicas por esta contingencia"*.

c) Art. 20 del CC provincial de Burgos: *"Para luchar contra el intrusismo y fomentar el empleo, las empresas se comprometen a no contratar personal de oficio o de taller que realice jornadas completas de más de siete horas diarias en otra empresa."*

d) Art. 7 del CC de Granada: *"Las partes, conscientes del grave problema que supone para crear empleo el intrusismo entre las empresas y el pluriempleo y contratación ilegal, acuerdan realizar todas aquellas actividades y gestiones ante la administración, juzgados y tribunales competentes, encaminadas a erradicar lo anteriormente expuesto en beneficio general de todo el sector siderometalúrgico de Granada. A tal fin, la Comisión Paritaria acordará las medidas necesarias y tendrá poder de denuncia a todos los efectos sin perjuicio de las actividades que para el mismo fin puedan ejercer las asociaciones empresariales, sindicales, empresas y personas trabajadores por sí mismos".*

e)   Art. 25 del CC provincial de Albacete: *"Para evitar el pluriempleo las empresas a quienes es de aplicación este Convenio utilizarán las fórmulas de contratación previstas por las disposiciones vigentes en materia de empleo, contratando a las personas trabajadoras inscritos en la Oficina de Empleo. En relación con ello, la Comisión Paritaria del Convenio velará para que las empresas y personas trabajadoras se encuentren en las condiciones establecidas en la legislación laboral y de Seguridad Social, a fin de evitar la competencia desleal y el intrusismo, así como las situaciones irregulares en que se puedan encontrar las personas trabajadoras".*

Se observa, en este sentido, que en los últimos años van desapareciendo estas cláusulas de los convenios colectivos provinciales (así ha sucedido, por ejemplo, en los convenios colectivos provinciales de Navarra, Tarragona o Palencia), acaso por las dudas que plantea su legalidad desde las distintas perspectivas jurídicas comunitaria e interna (cfr. *supra*).

2.3.3. Las limitaciones contractuales

Nuestro ordenamiento laboral prevé finalmente la posibilidad de establecer prohibiciones contractuales al pluriempleo mediante pacto expreso entre la persona trabajadora y el empresario, debiendo mediar en todo caso causa justificada y una compensación económica a favor del primero.

Efectivamente, el Art. 21.1 del ET establece que *"no podrá efectuarse la prestación laboral de un trabajador para diversos empresarios cuando... se pacte la plena dedicación mediante compensación económica expresa, en los términos que al efecto se convengan".*

No hay duda de que la finalidad perseguida por el pacto en este caso no es la de fomentar el empleo de otras personas trabajadoras combatiendo el pluriempleo, sino la específica del empresario de beneficiarse del trabajo exclusivo de la persona trabajadora, tanto en el orden físico como en el sicológico, persiguiendo un mayor rendimiento del mismo.

Por lo demás, su régimen jurídico viene a ser el siguiente:

1°) Pese al equívoco término de "plena dedicación", la ley se está refiriendo a un pacto de "exclusiva dedicación" a la empresa, que impide trabajar durante su vigencia a la persona trabajadora tanto por cuenta propia como por cuenta ajena en otra empresa.

2°) Este pacto no puede imponerse a la persona trabajadora por el empresario, exigiendo, como todo pacto, la voluntariedad de las partes. Por ello, si el trabajador no se aviene a pactarlo, el empresario no podrá obligarle ni despedirle o sancionarle por ello, salvo en el caso de concurrencia desleal.

3°) La ley no exige que se haga por escrito, si bien será lo normal para evitar luego problemas de prueba de su existencia.

4°) No existe un momento legalmente idóneo para el pacto, por lo que podrá realizarse tanto al iniciar la relación laboral como en un momento posterior durante la vigencia del contrato.

5°) En cuanto a la duración del pacto de plena dedicación, la ley no fija plazo alguno, por lo que podrá ser temporal o indefinido, a voluntad de las partes.

6°) La compensación económica, de naturaleza extrasalarial, será fijada por las partes, respetando en su caso lo dispuesto en el convenio colectivo aplicable con carácter mínimo, mínimo que no fija la ley. Esta compensación económica podrá acumularse a otras compensaciones de distinta naturaleza (jornada, horarios, turnos, vacaciones, etc.), si bien no podrá ser una alternativa a la compensación económica. La ley alude así a la posible existencia de "otros derechos vinculados a la plena dedicación" (Art. 21.3 del ET).

7°) La persona trabajadora podrá unilateralmente rescindir extrajudicialmente el pacto de plena dedicación y recuperar su libertad para trabajar en otro empleo en cualquier momento, bastando con comunicarlo al empresario por escrito con un preaviso de treinta días, perdiéndose la compensación económica u otros derechos vinculados a la plena dedicación (Art. 21.3 del ET). De incumplir la persona trabajadora con esta obligación de preaviso, podrá ser despedido o sancionado disciplinariamente por transgresión de la buena fe contractual (STS de 21 de marzo de 1990), pudiendo el empresario exigir una indemnización de daños y perjuicios en la vía laboral (Art. 1101 del Código Civil). Probablemente, cuando el empresario hubiese incumplido su obligación de compensar económicamente a la persona trabajadora, éste podrá rescindir el pacto sin respetar el preaviso de treinta días.

8º) El Tribunal decidirá a falta de pacto expreso sobre el particular, con criterios de proporcionalidad, la devolución de la compensación económica cuando esta se hubiera fijado a tanto alzado y no como cuantía periódica.

Por su parte, el empresario podrá rescindir el pacto de plena dedicación por el procedimiento de modificación sustancial de condiciones de trabajo del Art. 41 del ET.

Desde luego, a la vista de lo dispuesto en la Directiva comunitaria 2019/1152, podría llegar a ponerse en cuestión la legalidad de estos pactos de plena dedicación cuando no se justificase la existencia de una causa objetiva (tal como la salud y la seguridad, la protección de la confidencialidad empresarial, la integridad del servicio público o la prevención de conflictos de intereses), y aún de la propia norma legal que los prevé y regula, en la medida en que no exige causa objetiva alguna que los justifique. A mi juicio, sin embargo, dada la vaguedad de la exigencia causal en la Directiva y la remisión a los Estados miembros para fijar las condiciones para la utilización de restricciones por incompatibilidad basada en causas objetivas, no parece que de ello pueda deducirse la ilegalidad de estos pactos tal y como están previstos y regulados en el ET.

2.4. Las limitaciones indirectas al pluriempleo

Las posibilidades jurídicas del pluriempleo no solamente dependen de la existencia o inexistencia de prohibiciones o limitaciones directas al mismo, sino también, y muy principalmente, de la regulación de una serie de aspectos de la relación laboral individual. Más concretamente, de la regulación de la jornada y horarios, de las vacaciones anuales y de la movilidad geográfica, si bien conviene no olvidar que estas normas están dirigidas más a limitar los poderes directivos del empresario que a poner coto al desempleo.

2.4.1. Las limitaciones derivadas de las normas sobre jornada laboral y horarios

En cuanto a la jornada, si bien resulta obvio que una mayor jornada laboral exigible se corresponderá con unas menores posibilidades de pluriempleo, no es éste, sin embargo, el tipo de norma que limita más el pluriempleo. Es, sobre todo, la regulación de los horarios —los tipos de jornada (partida o continuada), las clases de horario (rígido o flexible) o el régimen de turnos— y de las horas extraordinarias la que incide más directamente sobre el pluriempleo.

Respecto de los horarios, el problema mayor se plantea con el sistema de modificación de los mismos. La modificación de los horarios viene configurada en el ET como un supuesto de modificación sustancial de condiciones contractuales de las previstas en el Art. 41.2, con el procedimiento dual allí establecido: bien la aceptación de la propuesta modificativa del empresario por parte de los representantes de los trabajadores en las modificaciones de carácter colectivo, bien la decisión empresarial unilateral comunicada al/las persona/s trabajador/as afectada/s, que podrán rescindir el contrato y percibir la indemnización legal establecida de 20 días de salario por año de servicio con el tope de nueve mensualidades cuando la modificación de los horarios afecte a un pluriempleo anterior dificultando o imposibilitando su mantenimiento (STS de 3 de junio de 1987).

Respecto de las horas extraordinarias, hay en el Et un precepto que puede alterar las previsiones individuales de una persona trabajadora pluriempleada. Me refiero al Art. 35.4 que señala que *"la prestación de trabajo en horas extraordinarias será voluntaria, salvo que su realización se haya pactado en convenio colectivo o contrato individual de trabajo"*, dentro de los límites máximos legalmente establecidos. Evidentemente, el hecho de que la persona trabajadora no sea libre en estos casos para aceptar o rechazar individualmente la realización de las horas extraordinarias, limita extraordinariamente la capacidad de maniobra de la persona trabajadora para pluriemplearse.

2.4.2. El régimen de las vacaciones anuales y el pluriempleo

Por lo que se refiere a las vacaciones anuales, si bien ha desaparecido del ET lo dispuesto en el Art. 35.5 de la derogada Ley de Contrato de Trabajo de 1944, que establecía que *"si la persona trabajadora, durante sus vacaciones retribuidas, realizara para sí o para otros, trabajos que contraríen la finalidad del permiso, deberá reintegrar al empresario la remuneración correspondiente a las vacaciones"*, el hecho de que el periodo o periodos de su disfrute se fije de común acuerdo entre el empresario y el trabajador *"de conformidad con lo establecido en su caso en los convenios colectivos sobre planificación anual de las vacaciones"* (Art. 38.2 del ET) podría en algún caso dificultar las posibilidades de pluriempleo de las personas trabajadoras.

2.4.3. La regulación legal de la movilidad geográfica y el pluriempleo

La regulación legal de la movilidad geográfica actúa igualmente como limitador real del pluriempleo por cuanto un traslado obligatorio no previsto o un desplazamiento temporal igualmente forzoso pueden dar al traste con el pluriempleo existente.

El Art. 40 del ET regula la movilidad geográfica, distinguiendo entre traslados y desplazamientos temporales, dando en ambos casos al empresario la facultad de decisión unilateral sobre los mismos, previa aceptación de la propuesta modificativa del empresario por parte de los representantes de las personas trabajadoras en los traslados de carácter colectivo. La decisión empresarial deberá ser comunicada a la/las persona/s trabajadora/as afectado/s, que podrán rescindir el contrato y percibir la indemnización legalmente establecida de 20 días de salario por año de servicio con el tope de doce mensualidades.

3. EL PLURIEMPLEO Y LA PLURICONTRATACIÓN

Se entiende por *"pluricontratación"* la situación de la persona trabajadora que tiene formalizados dos o más contratos con el mismo empleador.

Para que la pluricontratación resulte admisible jurídicamente es necesario que los distintos contratos celebrados con el mismo empleador tengan un objeto distinto y el trabajo se realice en puestos de trabajo diferentes, debiendo clasificarse a las personas trabajadoras en grupos profesionales distintos, con distintas retribuciones y condiciones de trabajo.

Esta situación no es sino una forma especial de pluriempleo, no existiendo en nuestro ordenamiento laboral norma alguna que prohíba una doble contratación con el mismo empleador, siempre que cada una de las personas trabajadoras contratadas cumpla con las exigencias legales de jornada (cuarenta horas semanales o la menor jornada establecida por convenio colectivo o por contrato individual de trabajo) y descansos diario, semanal y anual.

Así será posible ser contratado por la misma empresa con dos contratos a tiempo parcial, con un contrato a tiempo parcial y otro a tiempo total o, al límite, con dos contratos a tiempo total, temporales o indefinidos, superpuestos en el tiempo o sucesivos (por ejemplo, un contrato temporal durante las vacaciones del contrato de trabajo principal). También cabría contratar con uno o varios contratos indefinidos no fijos en cualquiera de las modalidades previstas en el Art. 16.1 del ET.

Por lo demás, la pluricontratación, al igual que el pluriempleo en dos empresas distintas, estará sometida a las mismas limitaciones directas legales y convencionales e indirectas señaladas anteriormente (ver *supra*).

IV. EL TRABAJO PÚBLICO
Y EL PLURIEMPLEO

1. LA ILICITUD GENERAL DEL PLURIEMPLEO EN EL SECTOR PÚBLICO

El régimen jurídico del pluriempleo en el sector público viene condicionado por la existencia de una serie de incompatibilidades que hacen que la regla general en el sector público, en contra de lo que sucede en el sector privado, sea la de su ilicitud salvo excepciones.

2. LAS POSIBLES JUSTIFICACIONES DE UN RÉGIMEN DE INCOMPATIBILIDADES EN EL SECTOR PÚBLICO

Un régimen de incompatibilidades en el sector público puede encontrar justificación, con carácter general, en tres órdenes de razones:

1ª) En primer lugar, en razones éticas o de moralidad de la vida pública, esto es, en la necesidad ineludible de defender y garantizar el interés público en la actuación del personal que trabaje en este sector. Se trata de limitaciones que se establecen a los que trabajan en el sector público en relación con el ejercicio de otras actividades privadas que por razones de interés general pueden resultar incompatibles.

2ª) En segundo lugar, en razones funcionales de eficacia administrativa, esto es, en las exigencias de dedicación de los empleados al cargo público, en la medida en que el pluriempleo puede sustraer tiempo o distraerles de su actividad principal o, simplemente, dificultar la racionalización en el funcionamiento de las Administraciones Públicas. En estos casos habría que hablar con más propiedad de exigencias de dedicación exclusiva.

3ª) En tercer lugar, finalmente, en razones de política de empleo. La ordenación del mercado de trabajo y la licha contra el paro pueden estar a la base también de determinadas incompatibilidades.

3. LA LEY DE INCOMPATIBILIDADES DE 26 DE DICIEMBRE DE 1984

3.1. La normativa aplicable y su ámbito de aplicación

La normativa aplicable al régimen jurídico de las incompatibilidades en el trabajo de los empleados públicos se encuentra en la Ley 53/1984, de 26 de diciembre, de Incompatibilidades del Personal al Servicio de las Administraciones Públicas, desarrollada reglamentariamente por el RD 598/1985, de 30 de abril.

Esta Ley viene a desarrollar el Art. 103.3. de la Constitución, donde se establece que *"la ley regulará...el sistema de incompatibilidades* (de los funcionarios públicos) *y las garantías para la imparcialidad de sus funciones"*.

Las normas establecidas por esta Ley se considerarán bases del régimen estatutario de la función pública, dictadas al amparo del Art. 149.1.18 de la CE, a excepción de las contenidas en los preceptos siguientes: Art. 17.1, disposición adicional quinta y disposición transitoria séptima (Disposición final primera).

El personal comprendido en el ámbito de aplicación de esta Ley es el siguiente (Art. 2.1):

a) El personal civil y militar al servicio de la Administración del Estado y de sus Organismos Públicos.

b) El personal al servicio de las Administraciones de las Comunidades Autónomas y de los Organismos de ellas dependientes, así como de sus Asambleas Legislativas y órganos institucionales.

c) El personal al servicio de las Corporaciones Locales y de los Organismos de ellas dependientes.

d) El personal al servicio de Entes y Organismos públicos exceptuados de la aplicación de la Ley de Entidades Estatales Autónomas.

e) El personal que desempeñe funciones públicas y perciba sus retribuciones mediante arancel.

f) El personal al servicio de la Seguridad Social, de sus Entidades Gestoras y de cualquier otra Entidad u Organismo de la misma.

g) El personal al servicio de entidades, corporaciones de derecho público, fundaciones y consorcios cuyos presupuestos se doten ordinariamente en más de un 50 por cien con subvenciones u otros ingresos procedentes de las Administraciones Públicas.

h) El personal que preste servicios en Empresas en que la participación del capital, directa o indirectamente, de las Administraciones Públicas sea superior al 50 por 100.

i) El personal al servicio del Banco de España y de las instituciones financieras públicas.

j) El restante personal al que resulte de aplicación el régimen estatutario de los funcionarios públicos.

En el ámbito de aplicación de la Ley se entenderá incluido todo el personal, cualquiera que sea la naturaleza jurídica de la relación de empleo. Así pues, tanto los funcionarios públicos y el personal estatutario como el personal laboral del sector público (Art. 2.2).

Quedan exceptuadas del régimen de incompatibilidades de la Ley el personal de las Cortes Generales (ver *infra*) y, aunque nada se diga expresamente acerca de ellos, resulta excluido también el personal de cualquier naturaleza dependiente de la Administración de Justicia o del Tribunal de Cuentas y del Tribunal Constitucional. En todo caso, resultan excluidas las actividades siguientes (Art. 19):

a) Las derivadas de la Administración del patrimonio personal o familiar, sin perjuicio de lo dispuesto en el Art. 12 de la Ley (ver *infra*).

b) La dirección de seminarios o el dictado de cursos o conferencias en Centros oficiales destinados a la formación de funcionarios o profesorado, cuando no tenga carácter permanente o habitual ni supongan más de setenta y cinco horas al año, así como la preparación para el acceso a la función pública en los casos y forma que reglamentariamente se determine.

c) La participación en Tribunales calificadores de pruebas selectivas para ingreso en las Administraciones Públicas.

d) La participación del personal docente en exámenes, pruebas o evaluaciones distintas de las que habitualmente les correspondan, en la forma reglamentariamente establecida.

e) El ejercicio del cargo de Presidente, Vocal o miembro de Juntas rectoras de Mutualidades o Patronatos de Funcionarios, siempre que no sea retribuido.

f) La producción y creación literaria, artística, científica y técnica, así como las publicaciones derivadas de aquéllas, siempre que no se originen como consecuencia de una relación de empleo o de prestación de servicios.

g) La participación ocasional en coloquios y programas en cualquier medio de comunicación social.

h) La colaboración y la asistencia ocasional a Congresos, seminarios, conferencias o cursos de carácter profesional.

3.2. Las incompatibilidades con el desempeño de otras actividades en el sector público

El alcance objetivo de las incompatibilidades con el desempeño de otras actividades en el sector público viene a ser el siguiente:

1°) El personal comprendido en el ámbito de aplicación de la Ley no podrá compatibilizar sus actividades con el desempeño, por sí o mediante sustitución, de un segundo puesto de trabajo, cargo o actividad en el sector público, salvo en los supuestos previstos en la misma.

A los efectos de esta Ley se considerará *"actividad en el sector público"* la desarrollada por los miembros electivos de las Asambleas Legislativas de las Comunidades Autónomas y de las Corporaciones Locales, por los altos cargos y restante personal de los órganos constitucionales y de todas las Administraciones Públicas, incluida la Administración de Justicia, y de los Entes, Organismo y Empresas de ellas dependientes, entendiéndose comprendidas las Entidades colaboradoras y las concertadas de la Seguridad Social en la prestación sanitaria (Art. 1.1).

2º) No se podrá percibir, salvo en los supuestos previstos en la Ley, más de una remuneración con cargo a los presupuestos de las Administraciones Públicas y de los Entes, Organismos y Empresas de ellas dependientes o con cargo a los de los órganos constitucionales, o que resulte de la aplicación de arancel ni ejercer opción por percepciones correspondiente a puestos incompatibles.

A los efectos anteriores, se entenderá por *"remuneración"* cualquier derecho de contenido económico derivado, directa o indirectamente, de una prestación o servicio personal, sea su cuantía fija o variable y su devengo periódico u ocasional (Art. 1.2).

3º) En cualquier caso, el desempeño de un puesto de trabajo por el personal incluido en el ámbito de aplicación de esta Ley será incompatible con el ejercicio de cualquier cargo, profesión o actividad pública que pueda impedir o menoscabar el estricto cumplimiento de sus deberes o comprometer su imparcialidad o independencia (Art. 1.3).

3.3. Las excepciones al régimen legal de incompatibilidades

El personal comprendido en el ámbito de aplicación de la Ley sólo podrá desempeñar un segundo puesto de trabajo o actividad en el sector público:

38   Tomás Sala Franco

1°) En los supuestos previstos para las funciones docente[1] y sanitaria[2] (Art. 3.1).

[1]   **Art. 4:** *"1. Podrá autorizarse la compatibilidad, cumplidas las restantes exigencias de esta
ley, para el desempeño de un puesto de trabajo en la esfera docente como Profesor universitario asociado en régimen de dedicación no superior a la de tiempo parcial.*
2. Al personal docente e investigador de la Universidad podrá autorizarse, cumplidas las restantes exigencias de esta ley, la compatibilidad para el desempeño
de un segundo puesto de trabajo en el sector público sanitario o de carácter
exclusivamente investigador en centros de investigación del sector público, incluyendo el ejercicio de funciones de dirección científica dentro de un centro o
estructura de investigación, dentro del área de especialidad de su departamento
universitario, y siempre que los dos puestos vengan reglamentariamente autorizados como de prestación a tiempo parcial.
Recíprocamente, a quienes desempeñen uno de los definidos como segundo
puesto en el párrafo anterior, podrá autorizarse la compatibilidad para desempeñar uno de los puestos docentes universitarios a que se hace referencia.
Asimismo, a los Profesores titulares de Escuelas Universitarias de Enfermería
podrá autorizarse la compatibilidad para el desempeño de un segundo puesto
de trabajo en el sector sanitario en los términos y condiciones indicados en los
párrafos anteriores.
Igualmente, podrá autorizarse la compatibilidad para el desempeño de un
segundo puesto de trabajo o actividad a tiempo parcial en el sector público
cultural, cumplidas las restantes exigencias de esta ley, salvo la prohibición establecida en el Art. 16.1, al personal funcionario y laboral de las administraciones
locales de las enseñanzas establecidas en el Art. 45 de la Ley Orgánica 2/2006,
de 3 de mayo, de Educación y al profesorado perteneciente a los Cuerpos de
Catedráticos y Catedráticas y Profesores y Profesoras de Enseñanzas Artísticas
Profesionales o de Enseñanzas Artísticas Superiores que preste servicio en los
centros públicos que impartan dichas enseñanzas.
3. La dedicación del profesorado universitario será en todo caso compatible
con la realización de los trabajos a que se refiere el Art. 11 de la Ley de Reforma
Universitaria, en los términos previstos en la misma.
4. Asimismo, podrá autorizarse al profesorado de los Cuerpos de Catedráticos y Profesores de Enseñanza Secundaria, al de Profesores Especialistas en
Sectores Singulares de Formación Profesional, al del Cuerpo a extinguir de
Profesores Técnicos de Formación Profesional, así como al restante profesorado de formación profesional, sin perjuicio de lo establecido en el Art. 95
de la Ley Orgánica 2/2006 de 3 de mayo, de Educación, la compatibilidad
para el desempeño de sus funciones, a tiempo parcial y cumpliendo las restantes exigencias de esta Ley, salvo la prohibición establecida en el Art. 16.1,
en los centros de titularidad pública con oferta integrada, impartiendo todas
las modalidades del sistema de formación profesional de conformidad con
su perfil académico y profesional, y siempre que reúnan los requisitos para
impartir los módulos incluidos en los títulos, cursos de especialización, certificados profesionales, certificados de competencia y acreditaciones parciales

2º) Excepcionalmente, el personal podrá compatibilizar sus actividades con el desempeño de los cargos electivos siguientes (Art. 5):

– Miembros de las Asambleas Legislativas de las Comunidades Autónomas, salvo que perciban retribuciones pe-

---

de competencia correspondientes, así como en acciones formativas de las otras modalidades del ámbito del sistema de la formación profesional".

² **Disposición adicional cuarta.**

"1. Los órganos de la Administración del Estado que reglamentariamente se señalen y los de gobierno de las Comunidades Autónomas podrán determinar, con carácter general, en el ámbito de su competencia, los puestos de trabajo del sector público sanitario susceptibles de prestación a tiempo parcial, en tanto se proceda a la regulación de esta materia por norma con rango de Ley.

2. En tanto se dicta la norma aludida, la dirección de los distintos Centros hospitalarios se desempeñará en régimen de plena dedicación, sin posibilidad de simultanear esta función con alguna otra de carácter público o privado.

3. Los órganos a que se refiere el apartado 1 podrán determinar, asimismo, con carácter general y en el ámbito de su competencia, los puestos de carácter exclusivamente investigador de los Centros públicos de investigación susceptibles de prestación a tiempo parcial".

Disposición transitoria cuarta.

"En tanto se establece la regulación de los hospitales universitarios, la actividad docente de los Catedráticos y Profesores de Facultades de Medicina y Farmacia y de Escuelas Universitarias de Enfermería no precisarán autorización de compatibilidad para su complementaria actividad asistencial en los centros hospitalarios de la Universidad o concertados con la misma, pudiendo desempeñar dichas actividades, en su conjunto, en régimen de dedicación completa o a tiempo parcial".

Disposición transitoria quinta.

"Los funcionarios de los Cuerpos Especiales al servicio de la Sanidad Local que deban prestar asistencia sanitaria a los beneficiarios de la Seguridad Social, en las condiciones legalmente establecidas, continuarán prestando las mismas funciones y devengando las remuneraciones que figuran en los Presupuestos del Estado y de la Seguridad Social, en tanto se reestructuran los Cuerpos o funciones aludidos, si bien una remuneración lo será en concepto de sueldo y la otra como gratificación, a cuyo efecto deberán formular los afectados la oportuna opción en los términos que reglamentariamente se determinen.

En todo caso se les garantizará, a título personal, hasta el 30 de septiembre de 1985, el importe de la media mensual de las retribuciones percibidas en los dos puestos en los doce meses anteriores a la entrada en vigor de esta Ley".

Disposición transitoria sexta.

"Lo previsto en el Art. 12.2 de esta Ley no será de aplicación a los Farmacéuticos titulares obligados a tener oficina de farmacia abierta en la propia localidad en que ejercen su función".

riódicas por el desempeño de la función o que por las mismas se establezca la incompatibilidad.

– Miembros de las Corporaciones locales, salvo que desempeñen en las mismas cargos retribuidos en régimen de dedicación exclusiva.

En estos casos sólo podrá percibirse la retribución correspondiente a una de las dos actividades, sin perjuicio de las dietas, indemnizaciones o asistencias que correspondan por la otra. No obstante, en los supuestos de miembros de las Corporaciones locales en la situación de dedicación parcial a que hace referencia el Art. 75.2 de la Ley 7/1985, de 2 de abril, Reguladora de las Bases del Régimen Local, se podrán percibir retribuciones por tal dedicación, siempre que la desempeñen fuera de su jornada de trabajo en la Administración, y sin superar en ningún caso los límites que con carácter general se establezcan, en su caso. La Administración en la que preste sus servicios un miembro de una Corporación local en régimen de dedicación parcial y esta última deberán comunicarse recíprocamente su jornada en cada una de ellas y las retribuciones que perciban, así como cualquier modificación que se produzca en ellas.

3°) En los casos que, por razón de interés público, se determine por el Consejo de ministros, mediante Real Decreto, u órgano de gobierno de la Comunidad Autónoma, en el ámbito de sus respectivas competencias (At. 3.1).

En este supuesto la actividad sólo podrá prestarse en régimen laboral, a tiempo parcial y con duración determinada, en las condiciones establecidas por la legislación laboral.

4°) Excepcionalmente podrá autorizarse al personal incluido en el ámbito de la ley compatibilidad para el ejercicio de actividades de investigación de carácter no permanente, o de asesoramiento científico o técnico en supuestos concretos, que no correspondan a las funciones del personal adscrito a las respectivas Administraciones Públicas (Art. 6).

Dicha excepción se acreditará por la asignación del encargo en concurso público, o por requerir especiales calificaciones que sólo ostenten personas afectadas por el ámbito de aplicación de esta ley.

El personal investigador al servicio de los Organismos Públicos de Investigación, de las Universidades públicas y de otras entidades de investigación dependientes de las Administraciones Públicas, podrá ser autorizado a prestar servicios en sociedades creadas o participadas por los mismos en los términos establecidos en esta ley y en la Ley 14/2011, de 1 de junio, de la Ciencia, la Tecnología y la Innovación, por el Ministerio de la Presidencia o por los órganos competentes de las Universidades públicas o de las Administraciones Públicas (Art. 6.2).

3.4. La exigencia de autorización para la compatibilidad con un segundo puesto o actividad en el sector público

En todos los supuestos excepcionales anteriores de compatibilidad con el desempeño de un segundo puesto o actividad en el sector público será indispensable la previa y expresa autorización de compatibilidad, que no supondrá modificación de la jornada de trabajo y horario de los dos puestos y que se condiciona a su estricto cumplimiento en ambos. En todo caso, la autorización de compatibilidad se efectuará en razón del interés público (Art. 3.2).

La autorización o denegación de compatibilidad para un segundo puesto o actividad del sector público corresponde al Ministerio de la Presidencia, a propuesta de la Subsecretaría del Departamento correspondiente, al órgano competente de la Comunidad Autónoma o al Pleno de la Corporación Local a que figure adscrito el puesto principal, previo informe, en su caso, de los Directores de los Organismos, Entes y Empresas públicas (Art. 9).

Dicha autorización requiere además el previo informe favorable del órgano competente de la Comunidad Autónoma o Pleno de la Corporación Local, conforme a la adscripción del segundo puesto. Si los dos puestos correspondieran a la Administración del Estado, emitirá este informe la Subsecretaría del Departamento al que corresponda el segundo puesto (Art. 9).

3.5. Los límites retributivos a las autorizaciones de compatibilidad con un segundo puesto o actividad en el sector público

Será requisito necesario para autorizar la compatibilidad de actividades públicas el que la cantidad total percibida por ambos puestos o actividades no supere la remuneración prevista en los Presupuestos Generales del Estado para el cargo de Director General, ni supere la correspondiente al principal, estimada en régimen de dedicación ordinaria, incrementada en (Art. 7.1):

– Un 30 por 100, para los funcionarios del grupo A o personal de nivel equivalente.

– Un 35 por 100, para los funcionarios del grupo B o personal de nivel equivalente.

– Un 40 por 100, para los funcionarios del grupo C o personal de nivel equivalente.

– Un 45 por 100, para los funcionarios del grupo D o personal equivalente.

– Un 50 por 100, para los funcionarios del grupo E o personal equivalente.

La superación de estos límites, en cómputo anual, requiere en cada caso acuerdo expreso del Gobierno, órgano competente de las Comunidades Autónomas o Pleno de las Corporaciones Locales en base a razones de especial interés para el servicio.

Los servicios prestados en el segundo puesto o actividad no se computarán a efectos de trienios ni de derechos pasivos, pudiendo suspenderse la cotización a este último efecto. Las pagas extraordinarias, así como las prestaciones de carácter familiar, sólo podrán percibirse por uno de los puestos, cualquiera que sea su naturaleza (Art. 7.2).

El personal incluido en el ámbito de aplicación de la Ley que en representación del sector público pertenezca a Consejos de Administración u órganos de gobierno de Entidades o Empresas públicas o privadas, sólo podrá percibir las dietas o indemnizaciones que correspondan por su asistencia a los mismos, ajustándose en su cuantía al régimen general previsto para las Administraciones Públicas. Las cantidades devengadas por cualquier otro concepto serán ingresadas directamente por la Entidad o Empresa en la Tesorería pública que corresponda (Art. 8).

No se podrá pertenecer a más de dos Consejos de Administración u órganos de gobierno a que se refiere el apartado anterior, salvo que excepcionalmente se autorice para supuestos concretos mediante acuerdo del Gobierno, órgano competente de la Comunidad Autónoma o Pleno de la Corporación Local correspondiente (Art. 8).

3.6. El derecho de opción entre dos actividades públicas incompatibles

Quienes accedan por cualquier título a un nuevo puesto del sector público que con arreglo a la Ley resulte incompatible con el que vinieran desempeñando habrán de optar por uno de ellos dentro del plazo de toma de posesión. A falta de opción en el plazo señalado se entenderá que optan por el nuevo puesto, pasando a la situación de excedencia voluntaria en los que vinieran desempeñando (Art. 10).

Si se tratara de puestos susceptibles de compatibilidad, previa autorización, deberán instarla en los diez primeros días del aludido plazo de toma de posesión, entendiéndose éste prorrogado en tanto recae resolución (Art. 10).

3.7. Las incompatibilidades con el desempeño de otras actividades en el sector privado

El alcance objetivo de las incompatibilidades con el desempeño de otras actividades en el sector privado viene a ser el siguiente:

1º) El personal comprendido en el ámbito de aplicación de esta Ley no podrá ejercer, por sí o mediante sustitución, actividades privadas, incluidas las de carácter profesional, sean por cuenta propia o bajo la dependencia o al servicio de Entidades o particulares que se relacionen directamente con las que desarrolle el Departamento, Organismo o Entidad donde estuviera destinado (Art. 11).

Se exceptúan de dicha prohibición las actividades particulares que, en ejercicio de un derecho legalmente reconocido, realicen para sí los directamente interesados (Art. 10.1).

El Gobierno, por Real Decreto, podrá determinar, con carácter general, las funciones, puestos o colectivos del sector público, incompatibles con determinadas profesiones o actividades privadas, que puedan comprometer la imparcialidad independencia del personal de que se trate, impedir o menoscabar el estricto cumplimiento de sus deberes o perjudicar los intereses generales (Art. 10.2).

2º) En todo caso, el personal comprendido en el ámbito de aplicación de esta Ley no podrá ejercer las actividades siguientes (Art. 12):

a) El desempeño de actividades privadas, incluidas las de carácter profesional, sea por cuenta propia o bajo la dependencia o al servicio de Entidades o particulares, en los asuntos en que esté interviniendo, haya intervenido en los dos últimos años o tenga que intervenir por razón del puesto público. Se incluyen en especial en esta incompatibilidad las actividades profesionales prestadas a personas a quienes se esté obligado a atender en el desempeño del puesto público.

b) La pertenencia a Consejos de Administración u órganos rectores de Empresas o Entidades privadas, siempre que la actividad de las mismas esté directamente relacionada con las que gestione el Departamento, Organismo o Entidad en que preste sus servicios el personal afectado.

c) El desempeño, por sí o por persona interpuesta, de cargos de todo orden en Empresas o Sociedades concesionarias, contratistas de obras, servicios o suministros, arrendatarias o administradoras de monopolios, o con participación o aval del sector público, cualquiera que sea la configuración jurídica de aquéllas.

d) La participación superior al 10 por 100 en el capital de las Empresas o Sociedades a que se refiere el párrafo anterior.

e) Las actividades privadas que correspondan a puestos de trabajo que requieran la presencia efectiva del interesado durante un horario igual o superior a la mitad de la jornada semanal ordinaria de trabajo en las Administraciones Públicas sólo podrán autorizarse cuando la actividad pública sea una de las enunciadas en esta Ley como de prestación a tiempo parcial (Art. 12.2).

f) No podrá reconocerse compatibilidad alguna para actividades privadas a quienes se les hubiere autorizado la compatibilidad para un segundo puesto o actividad públicos, siempre que la suma de jornadas de ambos sea igual o superior a la máxima en las Administraciones Públicas (Art. 13).

3º) En cualquier caso, el desempeño de un puesto de trabajo por el personal incluido en el ámbito de aplicación de esta Ley será incompatible con el ejercicio de cualquier cargo, profesión o actividad privada que pueda impedir o menoscabar el estricto cumplimiento de sus deberes o comprometer su imparcialidad o independencia (Art. 1.3).

3.8. La exigencia legal del previo reconocimiento de la compatibilidad

El ejercicio de actividades profesionales, laborales, mercantiles o industriales fuera de las Administraciones Públicas requerirá el previo reconocimiento de compatibilidad (Art. 14).

La resolución motivada reconociendo la compatibilidad o declarando la incompatibilidad, que se dictará en el plazo de dos meses, corresponde al Ministerio de la Presidencia, a propuesta del Subsecretario del Departamento correspondiente; al órgano competente de la Comunidad Autónoma o al Pleno de la Corporación Local, previo informe, en su caso, de los Directores de los Organismos, Entes y Empresas públicas.

Los reconocimientos de compatibilidad no podrán modificar la jornada de trabajo y horario del interesado y quedarán automáticamente sin efecto en caso de cambio de puesto en el sector público.

Quienes se hallen autorizados para el desempeño de un segundo puesto o actividad públicos deberán instar el reconocimiento de compatibilidad con ambos.

3.9. La prohibición de la invocación de la condición pública para el ejercicio de actividad mercantil, industrial o profesional

El personal a que se refiere esta Ley no podrá invocar o hacer uso de su condición pública para el ejercicio de actividad mercantil, industrial o profesional (Art. 15).

3.10. La prohibición legal del reconocimiento de compatibilidad con actividades públicas o privadas cuando exista una retribución complementaria incompatible

No podrá autorizarse o reconocerse compatibilidad al personal funcionario, al personal eventual y al personal laboral cuando las retribuciones complementarias que tengan derecho a percibir del del Art. 24 b) del EBEP incluyan el factor de incompatibilidad al retribuido por arancel y al personal directivo, incluido el sujeto a la relación laboral de carácter especial de alta dirección (Art. 16).

A los efectos anteriores, la dedicación del profesorado universitario a tiempo completo tiene la consideración de especial dedicación.

Se exceptúan de la prohibición las autorizaciones de compatibilidad para ejercer como Profesor universitario asociado en los términos del apartado 1 del Art. 4. 1, así como para realizar las actividades de investigación o asesoramiento a que se refiere el Art. 6 de la Ley, salvo para el personal docente universitario a tiempo completo.

Asimismo, por excepción y sin perjuicio de las limitaciones establecidas en los Arts. 1.3, 11, 12 y 13 de la Ley (ver *supra*), podrá reconocerse compatibilidad para el ejercicio de actividades privadas al personal que desempeñe puestos de trabajo que comporten la percepción de complementos específicos, o concepto equiparable, cuya cuantía no supere el 30 por 100 de su retribución básica, excluidos los conceptos que tengan su origen en la antigüedad.

3.11. *Las responsabilidades exigibles en caso de incumplimiento*

El incumplimiento de lo dispuesto en la Ley de incompatibilidades *"será sancionado conforme al régimen disciplinario de aplicación, sin perjuicio de la ejecutividad de la incompatibilidad en que se haya incurrido"* (Art. 20.1).

El ejercicio de cualquier actividad compatible no servirá de excusa al deber de residencia, a la asistencia al lugar de trabajo que requiera su puesto o cargo, ni al atraso, negligencia o descuido en el desempeño de los mismos. Las correspondientes faltas serán calificadas y sancionadas conforme a las normas que se contengan en el régimen disciplinario aplicable, quedando automáticamente revocada la autorización o reconocimiento de compatibilidad si en la resolución correspondiente se califica de falta grave o muy grave (Art. 20.2).

Los órganos a los que competa la dirección, inspección o jefatura de los diversos servicios cuidarán bajo su responsabilidad de prevenir o corregir, en su caso, las incompatibilidades en que pueda incurrir el personal, debiendo promover los correspondientes expedientes de compatibilidad o disciplinarios (Art. 20.3).

Corresponde, además, a la Inspección General de Servicios de la Administración Pública, no solo su posible intervención directa, sino también la coordinación e impulso de la actuación de los órganos de inspección mencionados en materia de incompatibilidades, dentro del ámbito de la Administración del Estado, sin perjuicio de una recíproca y adecuada colaboración con las inspecciones o unidades de personal correspondiente de las Comunidades Autónomas y de las Corporaciones locales (Art. 20.3).

Un último control del cumplimiento de la Ley de incompatibilidades es el que deberán desarrollar las Cortes Generales, para las que la Disposición Adicional Segunda de la Ley establece el derecho a ser informado cada seis meses por el Consejo Superior de la Función Pública de las autorizaciones de compatibilidad concedidas en todas las Administraciones Públicas y en los ente, organismos y empresas de ellas dependientes.

V. LA SEGURIDAD SOCIAL
Y EL DESEMPLEO

1. EL PLURIEMPLEO Y LA PLURIACTIVIDAD

A efectos de la Seguridad Social es posible distinguir entre las situaciones de pluriempleo y pluriactividad.

Se entiende por *"pluriempleo"* la situación de la persona trabajadora que presta sus servicios en dos o más actividades que dan lugar a su inclusión en mismo Régimen de Seguridad Social (Régimen General o Régimen Especial). Son así dos los requisitos exigidos para calificar una situación de pluriempleo: a) la existencia de dos o más trabajos concurrentes en el tiempo y b) el sometimiento de todos ellos a un mismo Régimen de Seguridad Social (General o Especial) (Art. 7.4 2º del RD 84/1966, de 26 de enero, que aprueba el Reglamento General sobre la inscripción de empresas y afiliación, altas, bajas y variaciones de datos de las personas trabajadoras, en adelante, RD 84/1996).

Se entiende por *"pluriactividad"* la situación de la persona trabajadora que presta sus servicios en dos o más actividades que dan lugar a su inclusión en distintos Regímenes de Seguridad Social (General o Especiales). Son así dos los requisitos exigidos para calificar una situación de pluriactividad: a) la existencia de dos o más trabajos concurrentes en el tiempo y b) el sometimiento de ellos a distintos Regímenes de Seguridad Social (General o especiales) (Art. 7.4. 1 del RD 84/1996).

Estas dos situaciones se encuentran reconocidas legal y/o jurisprudencialmente, existen con independencia de que se incumplan las obligaciones de inscripción en los distintos Regímenes de Seguridad Social y tienen repercusiones en la Seguridad Social en cuanto a la afiliación, altas y bajas de las personas trabajadoras, la cotización y las prestaciones.

2. LA SEGURIDAD SOCIAL DEL PLURIEMPLEO

2.1. La afiliación, altas y bajas

Si bien la afiliación es obligatoria para todas las personas incluidas en el campo de aplicación de Seguridad Social, siendo única para toda la vida y para todo el Sistema (Art. 15 de la LGSS), para el caso del pluriempleo el RD establece específicamente, como mecanismo de control, la obligación de los empresarios que conozcan la situación de pluriempleo de sus personas trabajadoras de *"comunicar las altas y las bajas de las mismas, con mención expresa de la existencia de dicha situación y declaración de las retribuciones dela persona trabajadora para que por parte de las entidades gestoras y la Tesorería General de la Seguridad Social se realicen de oficio las actuaciones que procedan a efectos de cotización y de protección"* (Art. 41.2 del RD 84/1996).

Por otra parte, las propias personas trabajadoras en situación de pluriempleo *"están asimismo obligadas a comunicar tal situación a los respectivos empresarios y a la Dirección Provincial de la Tesorería General de la Seguridad Social o Administración de la misma para que por ésta se inicien de oficio las actuaciones que procedan"* (Art. 41.2 del RD 84/1996).

2.2. El régimen de la cotización

El régimen de la cotización en situaciones de pluriempleo viene establecido en los Arts. 148 de la LGSS y 10 de la Orden PJC/178/2025, de 25 de febrero, por la que se desarrollan las normas legales de cotización a la Seguridad Social, desempleo, protección por cese de actividad, Fondo de Garantía Salarial y formación profesional para el ejercicio 2025 (en adelante, OPJC), existiendo especialidades únicamente respecto de los topes máximo y mínimo de cotización:

1º)   El tope máximo de la base de cotización, único para todas las actividades, categorías profesionales y contingencias incluidas en este Régimen, será el establecido, para cada año, en la correspondiente Ley de Presupuestos Generales del Estado.

2º)   El tope mínimo será la cuantía del salario mínimo interprofesional vigente en cada momento.

3º) Los topes máximo y mínimo de la base de cotización así establecidos serán aplicables en los casos de pluriempleo, si bien distribuidos entre todas las empresas en proporción a la remuneración abonada al trabajador en cada una de ellas, según las siguientes reglas de distribución:

a) Para las contingencias comunes:

– El tope máximo de las bases de cotización, establecido en 4.909,50 euros mensuales, se distribuirá entre todas las empresas en proporción a la remuneración abonada a la persona trabajadora en cada una de ellas.

– Cada una de las empresas cotizará por los conceptos retributivos computables que satisfaga a la persona trabajadora, con el límite que corresponda a la fracción del tope máximo que se le asigne.

– La base mínima correspondiente a la persona trabajadora, según su categoría profesional, se distribuirá entre las distintas empresas y será aplicada para cada una de ellas en forma análoga a la señalada para el tope máximo. Si a la persona trabajadora le correspondieran diferentes bases mínimas de cotización por su clasificación laboral se tomará para su distribución la base mínima de superior cuantía.

b) Para las contingencias de accidentes de trabajo y enfermedades profesionales:

– El tope máximo de la base de cotización, establecido en 4.909,50 euros mensuales, se distribuirá entre todas las empresas en proporción a la remuneración abonada a la persona trabajadora en cada una de ellas.

– El tope mínimo de cotización se distribuirá entre las distintas empresas y será aplicado para cada una de ellas en forma análoga a la señalada para el tope máximo.

– La base de cotización será para cada empresa la que resulte con carácter general, con los límites que se le hayan asignado según las normas anteriores.

c) En el supuesto de que uno de los empleos conlleve la inclusión en el Régimen General de la Seguridad Social en los términos indicados en el artículo 136.2.c) y e) de la LGSS la distribución del tope máximo correspondiente a las contingencias de accidentes de trabajo y enfermedades profesionales solo se efectuará al objeto de determinar las cuotas correspondientes a las contingencias comúnmente protegidas por ambas modalidades de inclusión, así como los demás conceptos de recaudación conjunta. A tal fin, se efectuará una doble distribución del tope máximo de cotización citado, una de ellas para determinar la cotización por accidentes de trabajo y enfermedades profesionales, así como para formación profesional, y la otra para determinar la cotización por desempleo y para el Fondo de Garantía Salarial.

d) Los prorrateos anteriores se llevarán a cabo a petición de las empresas o de las personas trabajadoras afectadas. La distribución así determinada tendrá efectos a partir de la liquidación de cuotas que corresponda al mes en que se acredite la existencia de la situación de pluriempleo, salvo que se trate de períodos en que hubiera prescrito la obligación de cotizar.

e) Las direcciones provinciales de la Tesorería General de la Seguridad Social o sus administraciones, de oficio o a instancia de la persona trabajadora o empresario afectados, podrán rectificar la distribución entre las distintas empresas cuando, de acuerdo con dicha distribución, se produzcan desviaciones en las bases de cotización resultantes.

Para los casos de desconocimiento de la empresa y, por ende, de la Tesorería Territorial de la Seguridad Social de la situación de pluriempleo, regirá lo dispuesto en el Art. 26.1 de la LGSS: *"Las personas obligadas a cotizar … tendrán derecho, en los términos y supuestos que reglamentariamente se establezcan, a la devolución total o parcial del importe de los ingresos que por error se hubiesen realizado.*

El importe a devolver a consecuencia de un ingreso indebido estará constituido por:

a) El importe del ingreso indebidamente efectuado y reconocido como tal.

b) Los recargos, intereses, en su caso, y costas que se hubieran satisfecho cuando el ingreso indebido se hubiera realizado por vía de apremio.

c) El interés de demora previsto en el Art. 31.3 (el interés legal del dinero vigente en cada momento del período de devengo, incrementado en un 25 por ciento, salvo que la Ley de Presupuestos Generales del Estado establezca uno diferente), *aplicado a las cantidades indebidamente ingresadas por el tiempo transcurrido desde la fecha de su ingreso en la Tesorería General de la Seguridad Social hasta la propuesta de pago.*

En todo caso, el tipo de interés de demora aplicable será el vigente a lo largo del período en que dicho interés se devengue".

El derecho a la devolución de los ingresos indebidos prescribirá a los cuatro años, a contar desde el día siguiente a su ingreso (Art. 26.3 de la LGSS).

2.3. El régimen de las prestaciones

El régimen de las prestaciones de Seguridad Social en situaciones de pluriempleo plantea el problema del régimen de compatibilidades entre prestaciones derivadas del mismo hecho causante y la determinación de la base reguladora de las prestaciones.

El principio de unicidad e incompatibilidad de prestaciones económicas derivadas de una misma contingencia viene expresamente reconocido en el Art. 163 de la LGSS:" *Las pensiones de este Régimen General serán incompatibles entre sí cuando coincidan en un mismo beneficiario, a no ser que expresamente se disponga lo contrario, legal o reglamentariamente.*

En caso de que se cause derecho a una nueva pensión que resulte incompatible con la que se viniera percibiendo, la entidad gestora iniciará el pago o, en su caso, continuará con el abono de la pensión de mayor cuantía, en términos anuales, con suspensión de la pensión que conforme a lo anterior corresponda.

No obstante, el interesado podrá solicitar que se revoque dicho acuerdo y optar por percibir la pensión suspendida. Esta opción producirá efectos económicos a partir del día primero del mes siguiente a la solicitud.

2. El régimen de incompatibilidad establecido en el apartado anterior será también aplicable a la indemnización a tanto alzado prevista en el Art. 196.2 como prestación sustitutiva de pensión de incapacidad permanente en el grado de total (cuando el beneficiario fuese menor de sesenta años)".

Este principio viene repetido en todos los Reglamentos de las distintas prestaciones económicas. Así, en los Arts. 7.1 de la OM de 13 de octubre de 1967, sobre normas de aplicación y desarrollo de la prestación de incapacidad temporal; 10 de la OM de 15 de abril de 1969, sobre normas de aplicación y desarrollo de las prestaciones por invalidez; y 32.1 de la OM de 13 de febrero de 1967, sobre normas de aplicación y desarrollo de las prestaciones por muerte y supervivencia.

Con carácter general, en los casos del pluriempleo rige el *"principio del cómputo recíproco de las cotizaciones"*, de modo que la base reguladora de las prestaciones se determinará en función de la suma de las bases por las que se haya cotizado en las distintas empresas, siendo de aplicación a la base reguladora así determinada el tope máximo de la bese de cotización (Art. 161. 3 de la LGSS).

Las reglas indicadas acerca de la incompatibilidad de dos o más prestaciones derivadas de un mismo hecho causante y del cómputo de las bases de cotización y de su tope máximo resultan también de aplicación a las prestaciones económicas derivadas de riesgo profesionales (accidentes de trabajo y enfermedades profesionales).

3. LA SEGURIDAD SOCIAL DE LA PLURIACTIVIDAD

3.1. La afiliación, altas y bajas

Conforme establece el Art. 41.1 del RD 84/1996, deberán solicitarse tantas altas y bajas de quienes se hallen en la situación de pluriactividad cuantos sean los regímenes en que se encuentren comprendidos, realizándose por las personas y en las formas y condiciones generales establecidas con carácter general.

En el supuesto de realización simultánea de dos o más actividades que den lugar a la inclusión en el Régimen Especial de los Trabajadores por Cuenta Propia o Autónomos, el alta en dicho régimen será única, debiendo comunicar todas sus actividades y los datos correspondientes en la solicitud de alta o, de producirse la pluriactividad después de ella, mediante la correspondiente variación de datos. Del mismo modo se procederá en caso de que varíe o finalice su situación de pluriactividad (Art. 46.3 del RD 84/1996).

3.2. El régimen de la cotización

Para la situación de pluriactividad no existe un régimen jurídico aplicable en tema de cotización. Ante esta situación de anomia, caben dos interpretaciones contrapuestas: la de operar en cada uno de los Regímenes de Seguridad Social con independencia de los demás cotizando conforme a sus propias normas sin que juegue el tope máximo y pudiendo cotizar dos veces por una misma contingencia (por ejemplo, la asistencia sanitaria) (por todas, STS de 21 de marzo de 1997) o la de entender que, desde la perspectiva de la homogeneización del sistema de Seguridad Social, resulta razonable aplicar a la pluriactividad las mismas reglas que al pluriempleo, aplicando el tope máximo a las bases de cotización de los distintos Regímenes (por todas, SS.TS de 25 de abril o de 28 de mayo de 1975).

Planteada la cuestión ante el Tribunal Constitucional, la STC 39/1992, de 30 de marzo, entendió que no atentaba al principio de igualdad la doble cotización, por lo que no se aplicarán las reglas del pluriempleo a la pluriactividad.

3.3. El régimen de las prestaciones

Cuando la pluriactividad sea *"sucesiva"*, se totalizarán los distintos periodos de cotización para causar una sola prestación.

Sin embargo, cuando la pluriactividad sea *"simultánea"*, se reconocerá la pensión en cada uno de los Regímenes si las cotizaciones acreditadas en cada uno de ellos se superponen, al menos, durante quince años (Art. 195.5 de la LGSS, para las pensiones por incapacidad permanente; Art. 205.3, para la pensión de jubilación; Art. 223.1 de la LGSS, para la pensión de viudedad).

Cuando se acrediten cotizaciones a varios Regímenes y no se cause derecho a pensión en uno de ellos, las bases de cotización acreditadas en otros Regímenes podrán ser acumuladas a las del Régimen en que se cause la pensión, exclusivamente para la determinación de la base reguladora de la misma, sin que la suma de las bases pueda exceder del límite máximo de cotización vigente en cada momento (Art. 49 de la LGSS).

VI. CONCLUSIONES VALORATIVAS

Del análisis realizado acerca del régimen jurídico del pluriempleo existente en nuestro ordenamiento cabe obtener las siguientes conclusiones valorativas:

1ª) Desde la perspectiva constitucional, aunque el pluriempleo no resulta *per se* inconstitucional, cabe la posibilidad de que los poderes públicos establezcan prohibiciones y limitaciones al mismo, tratándose de medidas que no pretenden atacar el derecho al trabajo de todos los ciudadanos o la libertad empresarial de contratar reconocidos respectivamente en los Arts. 35.1 y 38 de la CE, cuanto desarrollar los Arts. 40.1, 131 y 9.2 de la CE que comprometen a los poderes públicos s realizar *"una política orientada al pleno empleo"*, a planificar la actividad económica *"para atender las necesidades colectivas"* y la *"igualdad sustancial de los ciudadanos"*.

2ª) Desde la perspectiva legal, el ET no prohíbe las discriminaciones en el empleo que pudieran consistir en prohibiciones (exclusiones de la contratación) o en limitaciones directas del pluriempleo (reservas de puesto, preferencias o medidas de fomento del empleo de los desempleados) al no considerarlas incluidas en las discriminaciones prohibidas en lo Arts. 4.2 c) y 17.1.

3ª) En el momento presente solamente existen dos normas legales que prohíben el pluriempleo por razones distintas al fomento del empleo. Así, cuando el nuevo contrato suponga una competencia desleal con el empleador (Arts. 5 d) y 21.1 del ET) y cuando se trate de un menor de dieciocho años (Art. 34.3 del ET).

Existen no obstante otras normas legales que limitan el pluriempleo en favor de los desempleados: las reservas de empleo en favor de los discapacitados (RD 1451/1983) y la exigencia de contratar desempleados en los contratos de relevo (Art. 12.7 a) del ET)).

4ª) Pese a la oscuridad de la regulación del Art. 17.1 del ET en lo relativo a las medidas limitativas del pluriempleo, no parece que las cláusulas de empleo de los convenios colectivos limitando el pluriempleo sean ilegales, si bien en estos últimos años vayan desapareciendo paulatinamente.

5ª) Existen en nuestro ordenamiento laboral preceptos que, de una manera indirecta, pueden dificultar las posibilidades jurídicas del pluriempleo. Así sucede con las normas sobre jornada y horarios, descansos, vacaciones anuales y movilidad geográfica.

5ª) No parece que los pactos contractuales de plena dedicación previstos en el Art. 21.1 del ET prohibiendo el pluriempleo persigan el fomento del empleo cuanto favorecer el interés empresarial a obtener mayores rendimientos de sus trabajadores.

6ª) Nada obsta en nuestro ordenamiento a que se puedan realizar dos o más contratos con un mismo empleador, admitiéndose así la pluricontratación sin otros límites que los existentes para el pluriempleo en distintas empresas.

7ª) Las incompatibilidades legales entre el desempeño de funciones públicas y determinadas actividades privadas no pretenden tanto fomentar el empleo de los desempleados cuanto moralizar la vida pública, mediante la exigencia de eficacia, imparcialidad e independencia profesional del empleado público. No sucede lo mismo con las incompatibilidades legales para el desempeño de otras funciones públicas.

8ª) En cuanto a la Seguridad Social habría que destacar la favorable regulación del sistema de cotizaciones en el desempleo, por cuanto si la base de cotización se prorratea entre las empresas concurrente aplicándoles el tope máximo de cotización, a éstas puede interesarles, sin duda alguna, el contratar a un pluriempleado, ya que no cotizaría por las horas realmente trabajadas, reduciendo así sus costos sociales.

Por otra parte, resulta igualmente destacable la deficiente regulación de la pluriactividad en orden a las cotizaciones y a las prestaciones.

9ª) En el orden de las conclusiones generales, cabría señalar:

a) En primer lugar, que no existe en nuestro ordenamiento jurídico una política normativa coherente que tenga como meta combatir el pluriempleo —su reducción o supresión— para fomentar el empleo de los desempleados, sino que cada norma incide sobre el pluriempleo atendiendo a intereses distintos. Cabe preguntarse en este sentido si debería ser la ley, el reglamento gubernamental o la negociación colectiva (o todos a la vez) quien debería capitanear esa lucha teniendo en cuenta la actual situación de desempleo, que va a ir a más según todos los datos e indicios, con el desarrollo de las nuevas tecnologías.

b) En segundo lugar, que tal política es perfectamente posible a nivel constitucional con base una política de pleno empleo o, lo que es lo mismo, el derecho al trabajo de todos los ciudadanos desempleados, existiendo en este sentido una cierta coherencia entre pretender reducir la jornada laboral de las personas trabajadoras y poner límites al pluriempleo en orden a combatir el desempleo.

c) Llama también la atención la despreocupación cada vez mayor constatable en los convenios colectivos en orden a limitar el pluriempleo, siendo acaso la negociación colectiva el lugar más idóneo para valorar objetivamente de los costos-beneficios de una política del género.

d) Cabría plantearse la posibilidad de prohibir la posibilidad de la pluricontratación o pluriempleo dentro de una misma empresa por ser contradictoria con la denominada movilidad funcional extraordinaria dentro de un mismo contrato de trabajo como un supuesto de modificación sustancial de las condiciones de trabajo, reconocida legalmente en el Art. 39,1 y 41,1 f) del ET.

e) En todo caso, una lucha eficaz contra el pluriempleo ha de estar íntimamente ligada a la lucha contra la economía sumergida y el trabajo negro y que el segundo trabajo, siendo normalmente un trabajo marginal, tenderá a la ilegalidad, esto es, al incumplimiento de las normas imperativas que regulan, bien el trabajo autónomo (normas profesionales o fiscales), bien el trabajo dependiente (normas laborales y de Seguridad Social) o el trabajo público (régimen de incompatibilidades y dedicaciones).

f) De cualquier modo, finalmente, no parece que una erradicación eficaz del pluriempleo pueda disociarse de una política de mejoras salariales, y de una reducción de los costos de la Seguridad Social, esto es, solamente desincentivando las motivaciones por las que unos y otros, trabajadores y empleadores, acuden al pluriempleo podrá combatirse éste con éxito. No parece que pueda existir actualmente un Gobierno o un sindicato que se atreva a promocionar reglamentaria o convencionalmente la reducción del pluriempleo con unos precios de la vivienda que superan con mucho los aumentos salariales.